곰할머님 고맙습니다

국립중앙도서관 출판예정도서목록(CIP)

곰할머님 고맙습니다 : 정대구 시집 / 지은이: 정대구. --
대전 : 지혜 : 애지, 2014
p. ; cm. -- (지혜사랑 ; 119)

ISBN 979-11-5728-015-5 03810 : ₩9000

한국 현대시[韓國現代詩]

811.62-KDC5
895.714-DDC21 CIP2014033690

지혜사랑 119

곰할머님 고맙습니다

정대구

지혜

시인의 말

지난 세기말 자동차 추돌사고와 연이은 심장수술로 나는 죽었다 살아난 적이 있었습니다. 죽음에서 깨어나 다시 사물을 만날 수 있다는 자체가 낯설고 새롭고 고마워 '고맙습니다'라고 인사하고 싶었습니다. 3, 4부 연작 24편은 이때 썼던 것들 중에서 취사하여 가필한 것들입니다.

'고맙습니다'는 요즘도 나의 화두요 양심입니다. 물심양면으로 노상 빚만 지고 살아가는 내가 그 빚을 갚으며 사는 삶의 한 방식이요, 인사입니다. 아내에 대하여 아이들에 대하여 이웃이나 사회에 대하여, 사물에 대하여 시에 대하여 또는 내 몸, 나의 호흡, 나의 하느님, 나의 독자에 대하여 내가 보여드리는 인사고 나의 도리, 내가 걸어가야 할 나의 길입니다.

벌써 전에 냈어야 했을 시집을 게으른 탓으로 이제야 엮게 되었음을 이 자리를 빌려 독자제현의 질책을 구하며 인사에 대합니다. 고맙습니다.

2014년 초겨울
정대구

차례

2부 바람선생

3부 고전에 기대어

4부 고맙습니다

• 일러두기

한 연이 첫 번째 행에서 시작될 때는 > 로 표시합니다.

1부

소나무는 보고 있다

바우에게 길을 물어

바우야
나 지금 어쩌면 좋으니
갈대처럼 흔들리는 이 마음

바우야
너도 나처럼 마음이 흔들렸었니
그런데 어떻게 참고 견디니 견뎠니

체념도 하고 기도도 해봤지만
바우야 바우야
나 지금 어쩌면 좋으니

캄캄한 제 몸 속에 들끓는 불
갈피갈피
불살라 길을 연 환한 바우야

구선생의 책읽기

지금이 몇 시인데,
이른 시각 일어나 앉아
소리 내어 책을 읽는 구선생

언제나 일찍 자고 일찍 일어나는 구선생
남은 아랑곳없이
옛날 선비처럼, 새나라의 어린이처럼
크게 소리 내어
국어책 읽듯 책을 읽는다

한식경을 읽고 잠시 냉수로 목을 축이고 기침을 하여 소리를 가다듬고 다시 소리 내어 책을 읽는다. 얼어붙은 창밖이 그제야 희끄무레 먼동이 트는 겨울 아침, 여름 같으면 벌써 해님이 벙긋벙긋 창문을 노크해서 전등불을 껐을 시간인데 해님도 어쩔 수 없이 목을 움츠리고 출근을 늦추는 엄동설한,

꿈쩍 않고 솜이불 머리끝까지 덮어쓴 마나님이
구시렁거리며 눈곱을 털어내기까지
앞으로 얼마나 더 큰 소리로 책을 읽어대야 할지,

못 말리는 구선생, 청승맞은 구선생, 대책 없는 구선생
구박 받는 우리들의 구선생

겨울폐하

폐하의 목소리에선
서리가 묻어 나온다
차게 빛난다

한 치의 오차도 없이
칼을 던지는
폐하의 명중률!

빈 노래와 흔들림으로 내려앉는다

주저주저 따위
방황과 회의, 과도한 군살을
폐하는 허락하지 않는다

천만 개의 혀를 가진 나무는
천만 개의 혀를 내려놓고
정직하게 뼈로써 말할 뿐이다

폐하는 실수 따위를 용서하지 않는다
죽음까지도 용납하지 않는다
함부로 죽음을 파묻을 만큼
겨울폐하는 물렁물렁하지 않다

>

폐하의 칼끝에 귀를 베이고

폐하의 발밑에 나, 무릎 꿇어 엎드려
고래고래 땅 밑을 갈고 가는 뜨거운 폐하의 피를
읽는다

굴원屈原을 생각하며

멱라강가 장사長沙에서 굴원이 혼자
모래를 씹는다
아침부터 씹는다

사막을 건너온 머리 위에 까마귀 떼,
깍, 깍, 깍 새카맣게 한낮을 가리며 몰려다니는 모래알들,
입 안 가득
세상에 대해 분노를 씹으며 몸을 날리는 굴원

진수성찬을 기대했던 까마귀 떼
까옥까옥, 빈 울음으로 돌아가고
아무도 말릴 수 없다
말리지 못한다 말리지 않는다

나 홀로 긴 모래톱에
드러누워
달라붙는 모래를 씹는다

나무들의 극기수련

하안거夏安居
어떤가, 불을 지피는 듯 달아오르는 지열 때문에
어른 아이 없이 아슬아슬 다 벗고도 아이 더워 아이 더워 소리치는데
노출의 계절 휴가철도 반납하고
피서 한 번 가지 않고 제자리에서 하안거
있는 대로 옷 차려입고 왕성하게 호흡 중 이상 없음

동안거冬安居
보아라, 말만 들어도 온몸이 오싹해지는 엄동설한인데
있는 대로 옷 다 꺼내 입고
그러고도 아이 추워 아이 추워 사람들은 발을 동동 구르는데
마지막 속옷까지 훌훌 다 벗어던지고
팔풍받이 언덕배기에 맨몸으로 견디어 서는 동안거
저 겨울나무들 어디 감기 한 번 들리더냐

나비꿈*

장주의『장자』를 읽다가 장주선배와 함께 나도 나비가 되어 꽃밭을 훨훨 날아 다녔습니다. 아이들이 우리를 잡으려고 깡충깡충 뛰어오르기도 하고 살금살금 기어서 접근을 시도했지만 번번이 빈손으로 허공을 움켜쥐더군요. 장주선배와 나는 날개를 팔랑거리며 멀리도 아니고 아이들 가까이서 요리조리 맴돌며 재미있어 했습니다

그날 밤 어떤 아이가 어떤 나비꿈을 꾸게 될지 행운으로 그 아이 나비가 되고 나면 나비는 사람꿈 절대 꾸지 않겠지요. 나비가 된 장주선배를 보세요. 벌써 몇 천 년째 장주로 돌아오지 않고 있잖아요. 나는 졸다가 고만 실수로 다시 사람으로 깨어났지만,

* 나비꿈은 장자 제물편의 호접몽을 패러디한 것으로 실제 제물편의 내용과는 거리가 있음을 밝힘. 제물편에서 장주는 나비꿈에서 깨어나 인간으로 돌아옴을 후회함.

나비와 놀다가

오랜만에 꽃밭에서 나비를 만난 구선생 반가워서 동무하자고 손을 내밀었다. 나비는 고개를 몇 번 갸웃하더니 훌쩍 자리를 옮긴다. 팔랑팔랑 온 꽃밭을 누비며 날아다닌다. 구선생 웃으며 따라가 보지만 숨바꼭질하듯 나비는 숨어버리고 꿈에서 깨어난 구선생,

혼자 중얼거린다

장주가 꿈에 나비가 되었다. 그것은 장주의 행운이었다. 나비가 꿈에 장주가 되었다. 그것은 나비의 불행이었다.*

* 장주몽위호접 장주지행야 호접몽위장주 호접지불행야
莊周夢爲胡蝶 莊周之幸也 胡蝶夢爲莊周 胡蝶之不幸也
— 장조張潮의 유몽영幽夢影

개고기보신탕을 권하는 이유 2

내가 보신탕개고기 되어 컹컹컹
그대 뱃속에 들어가 거기 가득 찬 어둠을 물어뜯겠습니다
컹컹컹 그대의 시커먼 뱃장을 하얗게 물어뜯겠습니다
컹컹컹 그대 도둑놈의 심보를 물어뜯겠습니다

또 내가 개고기보신탕이 되어 컹컹컹
허깨비 같이 허약한 그대 뱃속에 들어가 컹컹컹
어둠도 두려워하지 않고 컹컹컹
도둑도 두려워하지 않고 컹컹컹
유혹에 넘어가지도 않고 컹컹컹
부정을 저지르지 못하게 컹컹컹
당당하게 맞서는 참으로 당차고 실한 사나이
그렇게 그대를 다시 만들어
한여름을 건강하게 지켜 드리겠습니다

이제 아시겠지요
탕탕탕 삼계탕 곰탕 설렁탕 오리탕
몸보신하는 탕도 많고 많은데
하필이면 개고기보신탕이 아니면 안 되는 이유
이렇게 내가 보신탕개고기가 되어 그대 뱃속에 들어가는 이유를

부산 태종대에서

어쩌자고 여기 절경이 있고 절벽이 있는가

아름다움의 절정
여기 태종대에서
그래, 투신하는 사람이 많단다

심리적으로 자살충동을
가장 많이 일으킨다는
부산 땅이 끝나는 곳 태종대

나 지금 태종대 절경에 서서
벼랑 끝에 세워진
입간판을 물끄러미 내려다보고 있다

"잠깐만 참으시오"

빈대와 고로쇠나무

어릴 적 내 살 속의 피를 빨아먹던 그 많던 빈대들 다 어디 갔나 했더니, 지리산 기슭 고로쇠나무를 세워놓은 채 거기 붙어서서 톱날 같은 이빨을 꽂아 넣고 고로쇠나무의 피를 긁어모으고 있었네. TV화면만 아니라면 당장 멱살을 잡고 메다꽂고 싶었는데, 그런데, 놀라운 것은 고로쇠나무의 참을성이네. 몸이 약한 자, 목마른 자에게 자신의 몸을 내맡긴 채 살보시 피보시의 미덕이라니. 난 그러지 못했는데, 내 피를 빨아먹는 놈은 눈에 불을 켜고 보는 족족 잡아서 배를 터뜨려 짓뭉개버렸는데…

소나무는 보고 있다

소나무는 보고 있다
시퍼런 소나무는 보고 있다

시퍼렇게 눈을 뜨고
홍수로 거세게 흐르는 물을 보고 있다
시뻘겋게 흐르는 물을 보고 있다
멀리까지 보고 있다
멀리까지 흐르는 물을 보고 있다
사흘 뒤 닷새 뒤
시퍼런 물을 보고 있다

비를 맞아 더 시퍼런 소나무

생선장수 아줌마의 하늘

머리 위에 하늘을 이고 가는 아줌마
아줌마의 머릿속에도 하늘은 들어 있다
아줌마가 밟아가는 새벽 길바닥
돌부리 나무뿌리에도
이마 부딪는 전봇대에도 하늘은 서 있다

생선을 이고 걸어가는 중년의 아줌마여
당신 몸에서 풍겨내는 이 비릿한
살아 있는 하늘 비린내

누가 생선장수 아줌마의 하늘이 노랗다고 했는가

하늘이여, 중년의 아줌마에게도
하늘은 파랗다 머리 위에 이고 있는 하늘
머릿속에 들어 있는 하늘
그 안에 누워 있는 물고기의 파란 하늘

출렁출렁 등 푸른 생선을 이고 가는
생선장수 아줌마의 피는 파랗다
생선을 팔아 대학까지 자식을 보내는
아줌마의 고단한 꿈이
이 가을 알알이 파랗게 여문다

콜콜 단내 나는 포도송이처럼

생선장수 아줌마의 하늘은 더 깊고 더 파랗다

소리의 함정

바닥 모를 깊은 궁륭 거울은 함정이다 소리의 함정 일단 빠져들었다 하면 눈도 못 감고 산채로 죽어야 하는 맑고 고요한 소리의 공동묘지 조심해야 한다 거울의 최면술 본의든 아니든 일단 황홀한 거울의 속임수에 빠져 맛들이면 왼손을 오른손으로 오른손을 왼손으로 바꿔 놓는 거울의 마술에서 좀체 풀려나오기 어렵다

소리란 소리 모두 잡혀 들어와 태평양 같은 잠에 빠져서 잠자는 줄도 모르고 지금 벙어리처럼 눈알을 굴리며 입만 벙긋벙긋 소리를 저당 잡힌 잃어버린 말속에 잠들어 있어 너와 나 그리고 그대, 억울하다는 표정들 돌들의 반항과 바위의 분노도 꾹꾹 눌러 잠재우는 거울은 소리의 감옥 죽음의 공동체를 이룬 고요의 늪, 언제 어디서 미성 괴성 한꺼번에 터져 나올지 모르는 위험한 폭발물을 안고 거짓 영원을 흉내 내고 평화를 시늉하며 잠들어 있는 소리의 평장平葬

어떻게든 주먹을 휘둘러 부수고 빠져나와야지 헛소리만 치지 말고 누군가 용감하게 피를 묻힐지라도 안팎에서 거울의 평면에 두 손을 밀어 넣어 끌어내야지 거울의 침묵 속에 오랫동안 묶여 마비된 말이 말이 안 되는 소리의 평면平面

힘을 모아 탈출해야 한다. 쨍그랑 비명과 함께 산산조각이 날지라도 일단은 거울의 허상을 깨고 소리의 감옥을 탈출하여

자기 소리를 되찾고 자신의 모습으로 바로 깨어나 너와 나 그리고 그대 함께 말할 수 있고 들을 수 있는 말의 공간 확보해 우리 모두 해방의 온존한 기쁨을 자유를 소리쳐 한껏 소리치며 나가자 나가

어머니의 세월

제법 풍성풍성한 이곳 서창 빅마트를 나서자마자 마주치는 아직도 꽃샘바람 휘몰려 다니며 젊은 아낙네가 울긋불긋 벌여놓은 봄옷가지를 날리고 중년의 아줌마들이 늘어놓고 파는 이것저것 푸성귀와 밑반찬들 그리고 군밤 아저씨 붕어빵 아저씨 갖가지 잡화 노점상들을 지나 쭈그렁바가지에 몇 덩이 나물들을 한 움큼씩 뭉쳐놓고 파는 쭈그렁바가지 할머니와 만난다

목과 얼굴을 머리까지 둘둘 목도리 천으로 감싸고 눈 코 입만 내놓은 할머니 할머니의 흐린 눈동자 속에 오고가는 어지러운 발길들 속에 머무는 내 그림자를 놓치지 않고 반색하며 맞이한다. 달래와 냉이 외에 나로선 이름 모를 나물들을 일일이 들었다 놓았다 하며 들여 가이소. 봄 향기 물씬 풍기는 천성산 십리 계곡에서 어제 막 따온 취나물 들여 가이소 예,

길바닥에 판자때기 깔아놓고 철퍼덕 주저앉아 산나물 데쳐 한 주먹씩 꾹꾹 뭉쳐 신문지로 싸서 신문지 위에 펼쳐 놓고 이 사람 저 사람 발길 멈추길 구걸하듯 기도하듯 중얼거리는 쪼글쪼글 번데기 할머니 서산에 해 떨어진지 언젠데 희끄무레한 달빛을 등지고 한 덩이도 덜지 못한 할머니와 산나물의 상관관계는 어디에 있나 검으죽죽 산나물은 왜 언제까지 검으죽죽한 할머니 몫이어야 하나

그때 우리 어머니 나이는 몇 살쯤이었을까. 어머니가 영천 시장바닥에 떡장수였었던 시절 이어 떡함지를 이고 홍제천 주

변 유리공장 벽돌공장 빨래터를 드나들면서 인절미나 시루떡을 만들어 불티나게 팔고 다니시던 시절, 그때 어머니는 아마 50안팎의 중년 아낙이었을 거야

그 뒤 환갑나이에 한밑천 잡아 시골에 땅을 장만하시고 손수 험한 논일 밭일 다 하시던 어머니, 그로부터 우글쭈글 두껍고 무거운 주름살 긋고 도망간 세월이 또 얼마였을까. 이제 서창시장 할머니의 쭈그렁바가지얼굴과 겹쳐 거칠고 두꺼운 우리 엄마 손 왜 지금 생각나는 걸까? 다시는 만져볼 수도 없는 손인데,

용을 찾아서

용은 무엇일까. 어디 있나. 어떻게 생겼을까. 용을 본 사람 있나. 끝없는 뜬소문,

과거일까 과거의 공룡 같은 것일까 공룡화석은 여기저기서 발견 되는데 왜 용의 화석은 안 나오나 없는 걸까 용은 그냥 현재까지 내려오는 없는 과거의 허상일까 터무니없는 상징일까 지명이나 인명에 남아 있는 용자를 찾아 나서보자

용산에 용산고 있고 용전면은 내 고교동창 삼룡이가 사는 곳 용포리는 내 여친 용녀의 고향 그리고 용두리는 용칠이가 묻힌 곳

용은 뱀처럼 허물을 벗고 변신. 한밤중에 쏟아지는 장맛비를 타고 올라가 비가 되어 비로 내리기도 하고 번쩍번쩍 번갯불 천둥소리 속에서 꿈틀꿈틀 아름드리 늙은 소나무가 되어 다시 하늘을 오르기도 하고 연못에서 흘러나와 강물이 되고 바다에 이르러 바다 속 용왕이 되기도 하고

이런 일도 있었지 해방공간에 동에 번쩍 서에 번쩍 나타나는 용룡자 아홉구자를 쓰시는 우리 용구형님을 보았다는 뜬소문의 출처를 따라 이리저리 뛰어다니시던 우리 어머니 결국 안개 속에 갇히셨던 일 지금도 안개는 걷히지 않고

용은 우르릉 천둥소릴 몰고 달려드는 지하철이 아냐 용정이나 용담역엔 용이 없어 용이란 용은 멱라수에 몸을 던진 굴원이의 수레를 끌고 모두 다 등천했는가. 저 뭉게뭉게 피어오르

는 구름 속을 보아라. 무엇이 보이나 용이 감추어져 있나

마산에 용마산 있고 서울에도 용마산이 있는데 서울 용마산엔 몇 차례 올라간 적이 있어. 남북으로 길게 뻗은 능선이 말 잔등 같았어. 역시 용마의 용은 용일 수 없어 단지 말을 수식하는 관형어에 불과할 뿐

그런데 우리 고향 와룡산은 와룡이니까 날아갈 일도 없고 서해에 누억년 꼬리를 묻고 묵묵히 누워만 있는 와룡, 오랜 세월 점오점수 도를 닦은 탓일까 상호가 험상궂지 않고 원만해. 문수동자상처럼, 원불교의 원처럼 둥그스름한 와룡의 머리 위로 하늘이 또르르 굴러 내리지

나를 아는 친구들은 날보고 와룡선생이라 하네. 삼국지의 와룡선생 제갈량처럼 남양 와룡산 밑에 사니까 와룡이라네. 하긴 이제부터 나 비룡의 꿈을 접고 적어도 매일 와룡을 쳐다보며 살 수 밖에 없어. 자네들은 모르겠지만 또 그게 나에겐 새로운 고민거리. 솔직히 자신 없어. 용칠이도 용만이도 용마산도 용이 아니라면 와룡도 역시 용이 아닐 터 그런데 와룡선생이 어찌 가능키나 하단 말인가. 영 자신 없어라우. 난,

입동이후

빗방울이 떨어진다
나뭇잎이 떨어진다
새의 깃털이 떨어진다
떨어진다 떨어진다
또 무엇이 떨어지나
먼지가 떨어지고
타다 남은 불똥이 떨어지고
따다 남은 열매가 떨어진다
그렇다 떨어질 것은
머뭇거리지 말고
이참에 다 떨어져라
떨어져라 작년에 떨어지다
다 못 떨어진 것들까지
미련 없이 금년이 다 가기 전에
깨끗이 깨끗이 떨어져라
가을비가 떨어진다 눈물이 떨어진다
철적게 사흘을 두고 나흘을 두고
쉬지 않고 떨어진다
좋다 사흘 나흘 닷새 엿새 이레 여드레
아흐레
연속 연달아 떨어진들 어떠랴

장롱생각

— 어머니와 아내의 장롱 사이에서

장롱은 어머니 것이고 아내의 것이고 내 것이 아니다 어머니의 장롱과 아내의 장롱은 네모 난 것이라는 공통점이 있을 뿐 어머니 장롱은 이부자리를 장롱 위에 얹어 두는 아주 소탈한 것이었고 아내의 장롱은 이부자리를 장롱 안에서 꺼내는 아주 크고 화려한 것이었다. 어머니 장롱과 아내의 장롱 사이엔 보이지 않는 알력과 질시가 있었고 나는 그 틈새에서 괴로워 한 적이 있었다. 어머니 장롱은 고티나는 은은함으로 버티었고 아내의 장롱은 번쩍이는 전의가 매우 도전적이었다. 나는 지금 장롱과 관계없는 나날을 살고 있다 장롱이 없는 내 방에 들어와 벌렁 침대 위에 눕는다 하지만 장롱의 싸움으로부터 아주 해방된 건 아니다

장롱 위에 얹힌 이부자리를 내려 펴고 이불 속으로 빨가벗고 들어가 어머니 품에 잠들었던 그때 그 어린 시절은 행복했다. 단칸 셋방에 어머니가 평생을 두고 아끼시던 그 장롱은 어디로 갔는지 어머니를 따라 하늘나라로 날아갔는지 아득하기만 하고 아내가 10년을 넘게 경영하여 장만한 으리번쩍 열두 자 짜리 자개장롱 안에서 비단 이부자리 꺼내어 아내와 함께 그 속에서 단꿈 꾸던 그 시절도 지금 여기 없고 간단한 서랍장 하나 놓고 홀아비 냄새 풍기며 장롱과는 아득히 먼 그리움으로 아내를 입고 어머니를 덮고 뒹구는 오늘 저녁, 어머니는 어머니의 자리를 지키려 싸우시고 아내는 아내대로 양보함이 없는 틈새에서 나 쉽게 잠들지 못한다

제비에게 묻는다 박씨 물어다 준 깊은 뜻을

박씨 하나 어느 날 뚝, 내 손바닥에 떨어졌네
지지배배, 지지배배 한 번 심어보라네

제비다리 일부러 부러뜨린 적도 없지만
제비다리 이어 준 적도 없는데
박씨 하나 심을 맨땅도 없는데
제비도 보기 드문 이 세상에
꿈같은 얘기지만
설마 고향에 돌아가 초가에 박을 올려
달밤에 하얗게 핀 수줍은 박꽃이나 보며
달 닮은 시나 낳으라는 건 아닌지

하지만 요즘 세상 하 함정도 많다 보니
이걸 심어야 하나 말아야 하나
흥부박이 열릴까 놀부박이 열릴까
흥부박이 열리면야 좋겠지만
놀부박이 열리면 어쩌나

이참에, 제비다리 일부러 부러뜨리고는
안 그런 척, 제비다리 다시 곱게 이어주고 기다려봐?
아니지, 그런 놀부마음 먹지 말라는 나에 대한 실험이겠지

지렁이의 비가悲歌

꿈꾸지 않기 천년을 꿈꾼들 하긴 지렁이 몸에 날개는 어울리지 않겠지요. 적어도 이무기쯤 돼야 용이 되는 꿈도 꾸고 굼벵이라야 매미가 되지요 무슨 천형天刑으로 평생을 햇볕 피하기 기어서 땅 속으로 파고들기 숨어버리기

만의 하나 광명 찾아 기어 나왔다가는 곧 시뻘건 불벼락 맞고 말라비틀어지기 십상이지요. 죽는 그날까지 지렁이 도사가 진즉에 가르쳐 주었지요 지금도 어쩔 수 없는 한 많은 천추의 함원含怨 감추며 한밤중 땅 속에서 심금을 울어대는 찡한 핏빛 곱고 투명한 맑은 노래 다 이 때문이지요

하지만 주제파악도 못하고 남에게 밟힐 때마다 나는 환골탈태의 꿈을 꾸었지요. 못생긴 징그러운 벌레들도 무슨 무슨 나비 되어 아름다운 나비 되어 하늘 수놓듯 춤추듯 꽃밭을 날아다니지 않던가요. 그만도 못한 뒷간의 더러운 구더기들도 단 며칠 만에 날개를 달고 포롱포롱 사람 약 올리지 않던가요. 하오나 모기나 파리도 아무나 되는 게 아니더군요. 지렁이 도사가 진즉에 온몸으로 보여준 교훈을 지금서 딴 마음 먹으면 지렁이만도 못한 놈 그런 인간 되지 않겠어요. 그저 나는 꿈틀거릴 뿐입니다 꿈도 저항도 없이 다만 꿈틀거릴 뿐

지상을 떠나는 지렁이의 영혼 3

햇볕 강렬한 길바닥에 꼬불꼬불 말라비틀어진 지렁이
지렁이가 남기고 떠난 흙터를 들여다보며 나는 땀을 닦으며
우주공간에 퍼진 지렁이의 침묵 그 아픔 그 영혼을 따라갑니다
해탈解脫한 몸을 지나 아득한 하늘로 들어가는 둥근 길이 보입니다

책과 함께 자다

모년 모월 모일
충남 서산 토박이 김영만 시인댁
서재에서 묵다

김춘수 시인께서 등 밀어내시는
나를
이형기 시인께서 끌어안으시다

아니 이 양반들이
황송하고 미안해
두 분의 틈에서 빠져나오려고 땀을 뻘뻘 흘리며 몸을 뒤척이다가
그만 뭔가를 받아치며 벌떡 일어나다

눈 비비며 서가를 일별하는데
어라 이럴 수가
김춘수, 이형기 두 분 시집 사이에
내 시집이 꽂혀 있었다

청계천사清溪川史와 DMZ

애들아, 그동안 우리나라 역사엔 반백년 동안
해 뜨는 곳에서 해 지는 곳까지 쭈욱
국토의 허리를 잘라놓은 DMZ라는 철책선이 있었고
서울 한복판엔 보이지도 않는 하수구 같은 지하청계천이
교통지옥, 악명 높은 악취의 복개청계천에
청계고가도로란 것까지 있었단다
사람의 숨쉬기를 어렵게 하던, 그런 요상한
믿어지지 않게도 그런 어려운 시대가 있었단다
이딴 것들 다 헐어내고
콘크리트 지하에 파묻혔던 청계천이
청천하늘 밝은 햇살을 보고 다시 살아났다
옛 모습 그대로는 아니지만 새롭게 복원된 청계천,
맑을淸 시내溪 그 아름다운 이름 다시 찾던 날
정도이후 가장 많은 인파가
인산인해人山人海 어디서 어디까지라든가 하여튼
서울시민들의 행렬이 이어지고
동서로 도심의 숨통을 틔우는 맑은 물길 따라
고추잠자리 날더라고
보고 들었다 단기 사천삼백삼십팔 년 초가을 어느 날
여기 시골TV로도 생중계로
내친 김에 애들아, DMZ가 다 무어냐
곧 철거될 그날 참았던 울음소리

완충지대를 넘어서, 넘어서
거침없이 남북을 오가며 만세소리 세상을 뒤엎어라
칠천만의 희망을 담아 칠천만 개의 풍선을 띄워라
한반도여 꿈틀꿈틀 허리를 펴고
둥 둥둥 세상을 향해 날아올라라

2부

바람선생

내 몸 속의 바람

어디 숨어 있는지
바람이 숨을 죽이고
머리카락도 보이지 않는다
언제 일어날지 나도 모른다
숨어서 숨죽이고 있는 바람
보이지도 들리지도 않는 바람
어떤 모양인지
어떤 기세일지
나의 주치의 안 박사도 그건 모른다
그저 솜털 정도 일으키는 미풍일지
팔랑팔랑 가볍게
옷깃 날리는 나들이 바람일지
아니면 얼얼하게 정신을 치고 내닫는
몽둥이 바람일지
통째로 내 몸을 날려 버릴
A급 태풍이 될지
어쨌든 두려움 속에서도
궁금한 내 몸 속의 바람
오늘밤에 일어날지도
모를, 내 몸 속의 바람 주의보!

나의 천국

우리집 옥상엔 아내가 키우는 고추 토마토 가지화분이 몇 개 있고 옥탑방이 있어요. 사실은 물탱크를 앉혔던 자리이긴 하지마는 나의 반대를 꺾으면서까지 기를 쓰고 아내가 만들어 낸 공간! 창고 같은 방이긴 하지마는 그때 벌써 아내는 나의 천국을 미리 마련한 거예요. 물론 퇴물 살림용구와 함께하는 비좁은 천국이긴 하지마는 일방적으로 아내에게 억울하게 야단맞고 구박 맞고 내몰리듯 쫓기어 올라온 여기 옥탑방

일단 분풀이하듯 큰소리 한 번 버럭 지르고 눈물 흘리다가 다리 오그리고 잠든다 해도 누가 뭐라겠어요. 천국이 따로 없네요. 저 부드러운 밤하늘 넉넉히 끌어내려 이불 해 덮고 은하수 베개 하여 천사와 노는 꿈도 꾸고 무엇보다 어린 별들과 장난치며 가지랑 방울토마토도 따 먹고요

나는 옥탑방을 이렇게 즐겨요. 이렇게 마음 편할 수가 없어요. 그런데 그것도 모르고 나는 아내를 원망했거든요. 결과적으로 천국까지 사다리 놓아 준 아내가 나는 고맙네요. 겉으론 안 그런 척 번번이 무슨 빌미를 만들어 싸우고 쫓기듯 기어 올라오긴 하지마는, 속으론 아내에게 무척 고맙다고 인사합니다

나의 바캉스

바캉스인지
바카스인지
난, 자주 헷갈려

세계화 시대에
걸맞지 않게
난, 구닥다리

사실 난, 동화제약 박카스 마시고도
취하는 체질이거든

그런데 바캉슨 또 뭐야
어지러워
조선시대 선비처럼

어리둥절 기승부리는 찜통더위에
기를 쓰고
세계화에 뒤질세라

어디로든 나도
무리를 따라
떠나긴 떠나야할 텐데

>

에라, 모르겠다
물 한 동이 길어다가 두 발 담그고
바커스가 기절할
바캉스를 지금 나, 즐기신다네

나의 텅 빈 가슴 채워주는 들내음

푸르게 푸르게 들판 생것들을 키워내던 너
모두를 비우고 떠나간 텅 빈 들녘을 지켜
그 자리 더 두텁게 상처를 껴안는 너

네가 있는 듯 없는 듯 가만가만
내 아픈 가슴을 만지며 나에게 다가왔을 때
내 이름으로 가만히 네 이름을 불러볼 때

봄날 종다리를 띄우고
씀바귀 지빠귀 민들레 강아지풀 못자리
보리밭머리 가랑비 비단나비 얼룩무늬
무럭무럭 벼가 자라는 여름들판 쇠똥구리
뜸부기 뜸북뜸북 거머리 할미새 미나리아재비 보리쥐똥나무
엉겅퀴 쇠비름나물 바랭이 하눌타리 개구리밥
그득그득 넘치는 황금들녘 끈끈이주걱 고추잠자리
고추잠자리 날개에 얼비치는 햇살
방아 찧자 방아깨비 메뚜기 무당벌레
퍼렁벌레 개망초 도깨비바늘 도꼬마리열매
이 모두를 꿈꾸는

내 텅 빈 가슴 빈터에 뭉클뭉클 다가서는 너
그러나 나 아직 너를 안아보지 못했네

>

올해도 며칠 사이 들판은 싸악 비워졌고
내 상한 마음 나도 붙잡을 수 없어

치유의 햇살 따라 너를 따라 나는 나섰네
포근히 끌어안기는 네 이름 들내 가득 찬 내 마음

날밤을 까먹기까지

꼭꼭 가시 돋친 밤송이가
말끝마다 나의 한계를 건드리고
나의 호기심을 찔러

손끝에 피를 보면서까지
총총한 가면의 가시옷 벗겨 내면

놀라워라 거기 깨물어 주고 싶도록 귀여운
반들반들 얄미운 유혹 세 톨

이걸 까먹어야 하나 말아야 하나
이빨도 들지 않는 단단함
이걸 칼을 대야 하나 말아야 하나

아니지, 어려운 1차 방어선을 넘어왔는데
그냥 눈요기만으로는 만족할 수 없어

여기까지 온 나의 욕망
2차 방어선을 넘고 넘어
최종적으로 부딪게 되는 제3의 관문

결코 쉽지 않은 만만찮은 저항

수줍음인 듯 공포인 듯 바르르 떠는
맨살에 꼭 달라붙은 속옷까지 벗겨 내는데

침이 꿀꺽꿀꺽 폭포로 넘어가고
내 눈앞에 드러낸 비릿한 날 것의 향기

아드득 통째로 깨물어 먹는
왕성한 나의 식욕 누가 뭐래
누구도 못 말리는 나의 탐미耽味 탐미주의耽美主義

그해 겨울바다

정신이 번쩍 빛나는 성자처럼
흰 이빨로 제 살 깨무는
겨울바다의 저 단호한 결의

뜨뜻 미지근 우유부단한 머리통 처박고
온갖 오염의 잡동사니 뜯어내어
들끓는 오장육부 쏟아 내어
와르르 달려들어 등골을 향하여
一字로 칼을 꽂는 칼바람

이불 뒤집어 쓴
게으른 꿈을 흔들어 찍어대는
겨울밤바다의 저 사나운 도끼질천둥소리

내 몸은 용수철

나의 몸매는 비록 작고 나약하지만 온 몸이 용수철 구조로 되어 있는 듯합니다. 특히 그대와의 접촉에서 그걸 실감합니다. 나의 시각 청각 촉각 등 온 몸의 감각이 민감하게 반응합니다. 그대의 부드러운 눈길에도 내 몸은 불타듯 빨갛게 달아오르고 그대의 가벼운 말소리에도 나의 고막 터져 나올 듯 세차게 퉁탕거려 다른 아무 소리도 나는 듣지 못합니다

믿지 못하겠거든 언제고 한 번 직접 나를 시험해 보시오. 때를 기다려 웅크리고 숨죽이고 있던 탱탱한 나의 탄력이 그대의 손 닿자마자 곧바로 튀어 올라 그대의 심장에 꽂히는 큐피드의 화살처럼 그대 가슴에 지워지지 않는 시퍼런 도장을 찍어 아프고 쓰린 내 사랑 확실하게 멍하게 멍들게 보여드릴 테니까

돈과 자본주의와 그리고 구선생

돈 나고 사람 났나?

돈 나고 사기꾼 나고
돈 나고 강도 나네
돈 나고 박사 나고 돈 나고…

돈 내고 사고파는 교수직
돈 내고 사고파는 신앙증명서
돈 내고 사고파는 사랑과 양심과 조상과…

돈은 무소불위
돈으로 사람 죽이고 살리고
돈 때문에 머리가 돈

돈을 세탁하는 일국의 대통령
돈으로 광내고 돈으로 기죽는
참, 자본주의의 개라니
영리한 개새끼들

돈 때문에 모두가 돈 때문이야
돈 때문에 빙글빙글 머리가 돈 때문이야
개판 같은 이 세상 개 같은 세상

>

돈 내고 일용할 양식도 못사는 사람들
돈 보기를 돌같이 아는 구선생
정말 그 사람들 돈 사람 아닐까

요즘 세상 개들도 돈 냄새 맡고 꼬리를 친다는데
돌지 않았담? 그 사람
개꼬리만도 못한 사람 아닐까

바람선생

선생은 잠자고 일어나는
주거가 일정치 않아
바람이 났는지
집안에 있기보다는
주로 집 밖에서 논다

흰 빨래에 매달려
칭얼칭얼 조르기도 하고
흔들어 깃폭을 찢기도 하고
숲에 들어 잠자고
눈을 비비고 바다에서 일어나
허공을 헛딛기도 해
천상 바람둥이
그의 크기는 종잡을 수 없어
땅갗의 풀들과 키스를 나누고
순식간에 지붕을 넘어
하늘에 닿기도 해

재미있는 것은 아무도
그의 얼굴 그려낸 화가 없고
어떤 기상대에서도 정확하게
그의 향방은 예측불허

밤새 비를 몰고 바다를 건너 온 선생이
마침내 나의 창문을
크게 노크함 덜커덩 덜커덩
지금이 새벽 몇신데,

밤에 내리는 비

— 운우지정雲雨之情

오신다는 예보 듣고
초저녁부터 비설거지하고
기다렸네요

사방이 모두 불 끄는 시각
아이들도 재워 놓고
깜박 잠에 빠졌던가 봐요

귀 간질여 깨우는 소리
더듬어 불붙는 손길

꿈결인지 잠결인지
우린 이내 엉겨 붙어,

오래 참았던 몸비 대지에 흠뻑
흥건히 촉촉이
몇 번을 적셨네요

비는 밖에 세워 두고
벌렁 드러누워

밝을 녘까지

나른한 성취감에 취해
듣는 빗소리

바람의 자식

그와 잠자리를 같이 하지 않은 여인이 없다
그는 바람둥이, 바람둥이는 바람둥이를 낳는다
그의 자식들이 지금 세상을 흔들고 있다
나도 어쩔 수 없이 그의 자식이 되어 세상에 물의를 빚고 있다

불자동차와 영구차

어디 큰불이 났나
빨간 불자동차 불똥 튀게 바쁘다 바빠
요란한 사이렌소리를 내며(귓구멍을 막아야지)
빨간 불자동차 달려간다
한 대 두 대 세 대 네 대 다섯 대
급히 달려가는 119구급차도 보이고
엉망진창 된 머릿속 화재현장(사람이나 안 당했을까)
눈알이 뜨거워지고
머리털 다 끄슬리겠다

이건 또 뭐야
어둠 속에 하얀 장례차가 지나간다
한 대 두 대 세 대 길게 이어지는 까만 장례행렬
희생된 구급대원과 가난한 수사들도 보인다
그들 영혼의 머릿골에 조각조각
흰 눈이 내린다
갑자기 찬바람이 휙 지나가고
숙연해진 거리
몇 사람의 시민이
X자 마스크를 하고 뒤따르고 있다

붕朋 그리고 북北

나에겐 거짓말 같이 둘이면서 하나인 친구가 있네
여기서 쉴까/ 그래 여기서 쉬자
동으로 갈까/ 그래 동으로 가자
바다로 갈까/ 그래 바다로 가자
산으로 갈까/ 그래 산으로 가자

내가 목욕갈까 말하면/ 그도 목욕가자 하고
그가 탁구치러 가자하면/ 나도 탁구치고 싶어지고
내가 짜장면 먹자하면/ 그도 짜장면 먹고 싶다하고
그가 꽃다방 가자하면/ 나도 꽃다방 따라가고
………………………………
………………………………

朋 朋 朋 어깨동무한 어깨기울기도 어슷비슷
앞서거니 뒤서거니 보폭도 나란히
왼발 오른발 발맞추어 하낫뚤 하낫뚤
하다못해 마누라 얘길 할 때도
그도 똑같이 당했다면서 맞장구를 쳐주는
그와 나는 손발이 잘 맞는 명콤비
나도 험처가/ 그도 험처가

그와 나의 숙원이요 공통희망사항인

친구 같은 아내는 없고
늙어가는 마누라쟁이들 바가지 긁는 소리 북 북 북
北 北 北 우겨대기 일쑤
사사건건 돌아앉아
좌하면 우하고 우하면 좌해
그래 나는 슬프다/ 그래 그도 슬프다

빠른 가을

덤벼드는 물것들과
여기저기서 썩어가는 냄새와
태풍과 홍수를 지나
겨우 어렵게 온 가을인데
아침저녁으로 아랫도리가 썰렁한 사이
너무 빨리 지나갑니다

'가'가 발을 들여놓자마자
'을'이 곧바로 숨차게 달려오더니
시시각각 바쁘게 변주되는 지난 한 주일 사이
큰 걸음으로 논바닥을 뚜벅뚜벅
한 자리씩, 두 자리씩 자리를 비우고
서둘러 발을 빼는 뒷모습이 보입니다

가나다라마바사아자차카타파하
하하허허 호호히히
이제 갈대들의 마지막 행行도 다 끝내고
빈 바람만 불어오는 아득한 들녘에 엎드려
단 한 움큼만이라도
등줄기 따사한 가을햇살로
기도할 한 마디 말씀을 찾습니다

그것도 안 되겠습니까. 하느님,

삐딱하다고

날보고 삐딱하다고
어디가 삐딱해
걸음걸이가 삐딱해
어깨가 삐딱해
눈 한 짝이 삐딱해
코가 삐딱해

삐딱한 세상
삐딱하게 보는 게 뭐가 삐딱해
삐딱한 세상 삐딱하게 못 보고
삐딱하지 않게 보는 자가
삐딱한 거지

자, 보라고
삐딱하게 돌아가는 이 세상
눈 똑바로 뜨고 보라고
삐딱하게 굴러가는 대세론
들리지 않나
삐걱삐걱 바다이야기
맞물려 돌아가는 대박노름
날보고 어쩌라고

수락산 좆바위

산악국가 우리나라에는 바위도 많은데
수락산에 가면 볼 수 있어요
한때 내가 자주 올라가 오줌 누던 정상부근에 좆바위를

옛날부터 자연을 사랑해 온 우리나라 사람들
자연을 보고 이름 짓는 작명의 명수
거북바위를 타고 앉으면 꼭 거북이를 타고 노는 것 같고
토끼바위 근처에 가면 토끼가 후닥닥 뛰어 달아날 것 같고
삿갓을 모르는 사람 삿갓바위에 가보면 삿갓을 볼 수 있지요

용바위 말바위 범바위 사자바위 소바위 할미바위 신랑각시바위 치마바위 기차바위 줄바위 칼바위 갓바위 가마바위 너럭바위 흔들바위 울산바위 매바위 형제바위 벼슬바위 감투바위 마당바위 논개바위………

그 하고많은 바위 중에 말만 들어도
내 아랫도리를 절로 들썩들썩 화끈하게 일으켜 세우는
세상에나 그 이름 좆바위

애 못 낳는 중년부인 찾아와 애 갖겠다고 애무하며 비손이하고
처녀애들 흘끔거리며 낯붉히게 하는, 그대

정말 다시 보아도 튼실한 좆같이 생겼구나
멀리서 바라보아도 영락없는 수락산 좆바위

자본주의시대에 시의 소원

나의 시는 우선 돈이 되고 싶은 것이다
그리하여 시가 옷이 되나 밥이 되나 집이 되나 그깟 놈의 시
시지 구독료에 시집 사보랴 동인지 내랴 낭송회 하랴 시집 내랴
돈이나 잡아먹는 시라며 시를 구박하는 우리 마누라님의 입을
소원 없이 그 돈으로 콱 틀어막아 주는 그런 즐거움,
함박꽃잎처럼 입이 활짝 벌어지게 해 주고 싶은 것이다
어느 해이던가 장보러 갔던 아내가 단돈 천원에 샀다며
생전에 큰돈 한번 만져본다며 거의 A4용지 반 만한 만원짜리 한 장을
신나게 흔들고 들어오면서 보여줬던 그 활짝 핀 함박웃음처럼,
시도 돈이 된다는 걸, 큰돈이 된다는 걸, 그리하여
이게 시가 벌어온 돈이요 하고 보란 듯이
마누라님의 이마에 큰돈 한번 척 붙여주고
시도 한번 떳떳해 지고 싶은 것이다
그러자면 우선 시를 엄청 잘 써야 되겠지
하긴 시인 누구는 시를 잘 써서 문예진흥기금을 몇 번씩이나 받고
또 누구는 여기저기 거금이 걸린 문학상도 몇 개씩 몰아서 받고
누구누구는 시집을 팔아 빌딩을 샀다던가
이 정도면 돈과 시의 궁합도 짝짜꿍 칠만한데

(그런데 이런 정보는 제발 아내의 귀에 안 들어가기를 바란다)
그 정도 시를 잘 쓰려면 엄청 시를 잘 써야 하겠지
팔짝 뛰고 뒤로 자빠질 정도로
나의 시는 돈이 되고 싶은 것이다
설령 마누라님이 깜짝 놀라 까무러친다 해도
아내에게 큰돈이 되고 싶은 것이다
그게 안 된다면 나가서 죽든가
자본주의에 딴죽을 걸어 뒤로 자빠뜨릴 그런 힘 있는 시
돈을 잡아먹는 신나는 시를 쓰고 싶은 것이다
나의 시는,
어차피 돈과 시는 엇박자 궁합
돈 앞에 탕 탕 큰소리치고 싶은 것이다
나의 시는, 나는

초승달과 옹달샘을 갖고 놀다

나는 바람선생
하늘에는 초승달 하나
땅에는 옹달샘 퐁퐁
침 발라 숨겨 두고
바람났네 바람구멍 났어
오르랑 내리랑
안아주고 핥아주고
흔들어 주고
너희들이 흔들리지 않음
내가 바람선생 아니지
키득키득
타고 놀고 들어가 놀고
화들짝 화들짝
꽃 피우고 꽃 지우네
소문난 바람 그림자
어디 숨었나
소문처럼 꽁꽁꽁
아무나 쉽게 못 찾네
옆에 두고도
못 보네
낄낄낄 낄낄

편지

너를 시집보내던 그날 저녁 밤 깊도록 휘영청 달이 밝았다
헌데 어느 틈에 내려 왔는지 밝은 날 아침 문 열고 내다보니
희한하게도 뜨란 가득 흰 눈이 떡시루처럼 쌓여 있었고
고모랑 대고모랑 고모부랑 모두모두 오셔서 할머니랑
福눈이라고 박수치며 좋아하셨단다

새벽에 옥상에 올라가서 네가 시집간 쪽을 향하여 서 본다
잠시 뒤 그쪽에서 차츰 먼동이 트기 시작하더니
첫날밤을 자고 난 해가 수줍은 듯 얼굴 붉히며
얼굴 붉히며 둥글게, 둥글게 솟아오르는구나

벌써 며칠이 지났구나. 네가 윤집식구가 된 지도
일주일 안으로 혼인신고를 하고나면
너의 이름마저 우리 호적, 정씨가문에서 윤씨가문으로 옮겨가

주민등록을 떼어 보아도
스물여덟 해 동안 나의 장녀로 있던 너의 이름이
윤씨집 사람이 되어 나의 곁을 떠나고
우리식구와 문서상으로도 함께 있지 않겠구나
몇 날 몇 달 몇 년이 지나야 이 허전하고 서운함
메울 수 있을는지 막막하구나

3부

고전에 기대어

두더지님 고맙습니다*

두더지님 고맙습니다. 당신의 선체험이 아니었다면 저 높으신 하느님이나 눈부신 해님 구름님 바람님 돌부처님을 찾아다니며 지금도 땀만 뿌리고 발발거리며 허방다리 짚으며 제정신이 아닐 거예요

하지만 보시오 난 일찍 그딴 허황된 꿈을 접고 건강한 두더지 아들 딸 낳고 참새 같은 두더지 며느리 얻고 하마 같은 두더지 사위 보고 한껏 자존심 세우며 부지런히 머리 처박고 자존의 땅속이나 뒤지며 분수껏 사는 방법을 배웠습니다

오늘은 추석 명절, 나의 자긍심을 살려 준 오남매 내 새끼들이 제가끔 제 짝과 제 새끼들 딸려 우르르 몰려와 시끌벅적합니다. 아내는 다신 오지 말라고 야단인데, 그 옆에서 나 구선생 돌연 기막히게 큰 웃음을 화들짝 터뜨렸습니다. 물색없이, 식구들이 다 놀라자빠지게,

* 두더지가 자기 자식을 위해 보다 높은 혼처를 찾는데, 처음엔 오직 하늘만이 가장 높다고 생각하고서 드디어 하늘에게 구혼하니 하늘이 '내 비록 만물을 다 싸안고 있지만, 해와 달이 아니면 덕을 드러낼 수 없다.'고 두더지를 따돌리자, 두더지는 해와 달에게 구혼했습니다. 해와 달이 말하기를 '내 비록 널리 비추고는 있지만, 구름이 나를 가리니 저가 내 윗자리에 있도다.'고 하여, 두더지는 구름에게 구혼했습니다. 구름이 왈 '내 비록 해와 달의 밝음을 뺏을 수는 있지만, 바람이 불어 나를 흩으니 저가 내 위에 있도다.'고 하여, 두더지는 바람에게 구혼했습니다. 바람이 말하기를 '내 비록 구름을 흩을 수는 있지만, 오직 밭 가운데 돌부처만은 불어도 넘어뜨릴 수 없으니 저가 내 위에 있도다.'고 하여, 두더지는 돌부처를 찾아가 청혼을 했습니다. 그런데 돌부처가 말했습니다. '내 비록 바람은 두렵지 않으나, 오직 두더지가 내 발 밑을 뚫으면 기울어져 넘어지고 만다. 그러니 저가 내 윗길이로다.' 마침내 두더지는 크게 깨달아 '천하에 높은 것이 나만한 이가 없구나.' 하고 드디어 두더지와 혼사를 맺었다고 합니다.(예부터 전해 오는 우리나라 민담: 홍만종의 『순오지』에서)

곰할머님 고맙습니다*

곰할머님 고맙습니다. 이 미련 곰탱이가 아직도 믿는 것은 오직 곰할머님뿐입니다. 지금은 아직 가재도 게도 아니지만 언제고 나름대로 제 이름을 얻겠지요. 요즘 녀석들 참 빨리도 호랑이처럼 나대는데, 난 달라요. 쑥내를 맡으며 백 일간 마늘을 씹겠어요. 궁핍한 동굴 속에서 미련곰탱이 곰할머니가 마침내 인간이 되듯, 환골탈태 나도 무엇인가 달라지겠지요. 어떤 모욕도 참고 견디겠어요. 이 치욕의 시대에 나의 거울이 되어 주신 곰할머님 고맙습니다

* 알다시피 곰할머니는 우리나라 최초의 할머니입니다. 같은 굴속에서 어둠과 배고픔을 이기지 못하고 밖으로 뛰쳐나가 눈앞에 명리를 탐했던 성급한 호랑이와는 달리, 워낙 느긋하고 신심이 강한 우리들의 곰할머니는 한울님이 주신 쑥 한 줌과 마늘 20쪽으로 그 어두운 굴속에서 100일을 견뎌내고 드디어 아름다운 인간이 되어 한울님의 아들과 결혼하는 영광을 얻어, 우리의 조상 단군 할아버지를 낳았고 할아버지의 아들, 아들의 아들이 아버지를 낳고 나는 그 아버지의 아들임을 믿습니다. 나 그리고 우리를 있게 해 주신 곰할머님 고맙습니다.
—『삼국유사』 권1 「고조선」조 참조.

토끼님 고맙습니다*

— 거북 올림

토끼님 고맙습니다
느림뱅이 거북이라고 놀려대던
세간의 화살과 야유와 비웃음이
이젠 고스란히 당신의 몫이 되었군요
나와의 달리기에서 낮잠을 주무신
후덕하신 토끼님 고맙습니다
만인 앞에 당할 창피를 무릅쓰고
오늘날까지도 감쪽같이
그 기막힌 거짓잠의 비밀
나는 알아요. 왜 그랬는지
느림보로 낙인찍힌 나의 천 년 한 풀어주자는
갸륵한 그대의 선심 그대의 연극
너무나 훌륭합니다. 토끼님
자신의 체면을 깎아내고 명예를 떼어서
남에게 그것도 경쟁자에게 걸어주다니
분수에 넘치는
눈물겨운 나의 이 금메달
사실은 토끼님이 양보한 것이지요
오로지 타자만을 위하는 그대의
하해와 같은 배려지덕임을 내가 압니다
토끼님 고맙습니다

* 거북이와 토끼의 경주 이야기는 알다시피 서양 이야기꾼 이솝 할아버지가 지어낸 우화지만 여기서 토끼가 이기지 않고 상식을 초월해서 느림보 거북이가 이긴 걸로 승부를 낸 걸 보면 아마도 이솝 할아버지는 동양계인 듯싶으이. 그렇지 않고서야 대단히 합리적이고 전투적인 서양인이 어떻게 이렇게 양보의 미덕을 비합리적인 생각을 해낼 수 있었을까 싶으이. '져 주는 것이 이기는 것' 이것은 바로 동양인의 승부철학 특히 이 나라 이 겨레의 삶의 방식이 아니었던가. 그럴 듯도 싶으이. 이솝 할아버지는 고대 한국계였을 거야.

거북님의 가르침 고맙습니다*

장자라는 인물은 듣던 대로 역시 보통내기가 아니야
내가 스승으로 모셔야 할까봐
내가 쓰지 않고 버린 무잡한 자연 속에 노닐며
튼실한 몸을 맘대로 추스르며
신나게 꼬리치며 노는 듯 사는
찌들지 않은 맑은 영혼의 장자여
그대가 선택한 삶의 방식이 나의 삶을 참견하려드네

이 사람아 뭐 그렇게 기를 쓰고 높은 자리에 오르려 하나
손발에 흙 안 묻히고 깨끗한 비단옷으로 치장하고
아랫사람들 부리고 시중 받으며
뭇 사람들의 부러움과 절을 받으며
이리 왈 저리 왈 거들먹거리는 꼴은
차마 봐 줄 수 없네 구선생

그 자리가 어떤 자린가 자네에겐 어울리지 않네
이것저것 신경 쓸 일도 많고
좋은 옷 더럽힐까 조심스럽고
급전직하 아래로 곤두박질칠까 겁나고
뭇 시선이 따가워 제 한 몸 제 맘대로 굴릴 수도 없어
누가 수억 만금을 주고 꼬신다 해도
모두들 그 자리를 노린다 해도

자네만큼은 NO(怒)해야 할 그런 위험한 자린 줄

와 모른단 말인가

* 장자가 복수에서 낚시를 하고 있는데, 초왕이 사람을 보내어 장자에게 말했다. 나랏일을 선생께 맡기려 하니 허락하시오. 장자가 낚싯대를 쥔 채 돌아보지도 않고 말했다. 내가 듣자니, 초나라에 신령한 거북을 왕이 비단 헝겊으로 싸서 종묘에 모셔 두었다고 하던데, 거북이가 죽어서 뼈를 남겨 귀하게 되는 것이 좋겠소, 그렇지 않으면 흙탕 속에서나마 살아서 꼬리를 끌며 다니는 것이 좋겠소? 그야 비록 흙탕 속이라 할지라도 살아서 꼬리를 끄는 것이 낫겠지요. 그러자 장자가 말했다. 그냥 돌아가시오. 나도 진흙탕 속에서 꼬리를 끌지언정 자유로운 삶을 누리며 살겠소이다.
—『장자』 외편「추수」장에서

개미님 고맙습니다*

개미님 당신이 아니었다면
나는 아직도 황당한
남가일몽 깨닫지 못하고
미희를 만나 중세의 연애를 하며
비생산적인 꿈속에서 놀고 있을 거예요

쫀쫀하게 살림을 챙기는
발발발 생활력이 강한 개미님 당신이
게으른 나의 넓적다리를 꽉 깨물어줘서
나는 비로소 허황한,
벌건 꿈속에서 깨어날 수 있었던 것

아쉽다 하겠지만
꿈은 빨리 털고 일어날수록 좋은 것
꿈속에서의 아름다운 만남
꿈속에서의 아름다운 살림
현실에선 그 반대라지요 아마

그걸 깨닫게 해 주신 개미님
고맙습니다. 살뜰한 우정의 이름으로
당신이 나의 꿈을 인정사정없이
깨물어줘서 이제는 두말없이 나도

노동의 아름다운 시간을 즐길 거예요

* 어떤 농부가 여름날 논일을 하다가 쉴 참에 나무뿌리를 베고 잠이 들었것다. 꿈속에서 양귀비 같은 왕녀와 아름다운 연애를 하고 아들딸 낳고 부귀영화 누리며 잘 사는 중인데, 나무뿌리 근처에서 땀 흘리며 열심히 일을 하던 개미가 보다 못해 농부의 넓적다리를 꽉 깨물었것다. 농부 놀라 깨고 보니 글자그대로 남가일몽.
—본래 '남가일몽'은 중국 당나라 때 소설『남가기』에서 유래한 것으로 그 뒤 명의 탕현조가 극화시킨 것, 별 볼일 없는 한량 순우분이 괴안국의 사위가 되어 호강하다가 깨어보니 꿈이었다는 이야기.

용왕님 고맙습니다*
— 수로부인의 알리바이

용왕님 고맙습니다. 당신 아니었으면 나는 꼼짝없이 남편에게 쫓겨나고 말았을 거예요. 다행이 남편을 비롯한 이 땅의 사람들이 예부터 용왕님과 용궁을 철석같이 믿어왔기에 내가 용왕님의 초청을 받아 용궁엘 다녀왔다니까 처음에 의심하던 남편도 오히려 나를 그윽이 바라보며 묻던 걸요. 그곳 경치는 어떻고 음식이며 향기는 어떻더냐고,

지금서 처음 털어 놓는 얘기지만 사실은 나 점심 먹고 잠시 혼자 있고 싶어서 바닷가에 나갔다가 나의 미모를 노리던 해적들에게 업혀가서 사흘 만에 풀려났던 거예요. 아무리 어린이가 자주 유괴되고 부녀자가 여기저기서 납치되는 흉흉한 세상이라지만 그렇다고 어떻게 해적한테 당한 일을 곧이곧대로 남편한테 털어놓겠어요. 남편체면도 세워줘야지. 그래서 용왕님, 당신을 끌어들여 시침 뚝 떼고 둘러댔던 건데, 남편이 그냥 넘어가더군요. 사실은 사실을 다 알면서도 어쩔 수 없이 모르는 척 속아 줬는지도 모르지만,

어쨌든 용왕님, 당신에 대한 우리나라 사람들의 신앙 같은 크나큰 믿음이 아니었었다면 나의 알리바이는 애초부터 성립될 수도 없었고 아무도 믿어 주지도 않았겠지요. 고맙습니다. 용왕님,

* 신라 성덕왕 때 순정공이 강릉태수로 부임하는 도중에 바닷가에서 생긴 일이었다. 임해정에서 점심을 먹게 되었는데 갑자기 바다에서 용이 나타

나더니 수로부인을 끌고 바다 속으로 들어갔다. 순정공이 땅에 넘어지며 발을 굴러봤지만 구출할 방도가 없었다.
그런데 한 노인이 나타나 일러주었다. 사람을 풀어 부인을 내놓으라고 소리 지르며 몽둥이로 일제히 물끝을 치시오. 옛말에도 여러 사람의 말은 쇠도 녹인다고 했습니다. 비록 바닷속의 용인들 어찌 여러 사람의 입을 두려워하지 않겠습니까?
순정공이 노인의 말대로 하였더니 용왕이 여론에 못 이기어 부인을 모시고 나와 공에게 돌려주었다. 순정공이 부인을 맞아 바다 속의 일을 부인에게 물었다. 부인이 대답했다. 화려한 용궁의 음식은 맛있고 향기롭고 깨끗한 것이 불에 익힌 인간의 음식과는 유가 아닙디다. 부인의 옷에 밴 이상한 향기는 과연 이 세상 것이 아니듯 싶었다.
수로부인은 아름다운 용모가 세상에 뛰어나 깊은 산이나 큰 못을 지날 때도 여러 차례 신물神物에게 붙들리어 갔었다.(후략)
—『삼국유사』 권2「수로부인」조. 의역

늙은 암고양이님 고맙습니다*

밤새워 마른 나뭇가지 긁어대던 성난 발톱
웬일로 오늘 아침은 양지쪽에 봄볕 같을까
갈수록 그녀의 솜씨는 늙은 암고양이 같아서
언제 어느 때 쌍심지 도끼날눈자위를 치켜뜰지
늘 조심스러워라 구선생
고양이 앞에 쥐걸음

살다보니 이런 꿈같은 일이 다 있군요
당신의 목에 딸랑딸랑 방울을 달게 한
늙은 암고양이님 고맙습니다
이제 나도 당신 앞에 큰 소리 한번 칠 수 있겠지요
너그럽고 보드랍기 봄바다 같으신 분
혹시라도 변덕이 죽 끓듯 해서
언제라도 풍랑을 일으켜
뒤죽박죽 심술을 부릴지 모르지만,

* 쥐들이 모여서 항상 쥐를 꼼짝달싹도 못하게 하는 묘화猫禍를 막을 묘책을 논의한다. 젊은 쥐가 말한다. '누가 고양이 목에 딸랑딸랑 방울을 매단다면 그 방울소리를 듣고 우리가 냉큼 피하면 되지 않겠습니까.' 모두들 좋소 좋소 외치며 기쁨을 감추지 못한다. 막다른 골목에서 궁여지책으로 내놓는 쥐들의 이 희한한 말모임을 말없이 지켜보고 있던 늙은 고양이, 하 같잖고 말도 안 되는 소리지만, 일면 너무 딱하고 가엾어 조용히 일러준다. '내가 벼락을 쳐도 모를 깊은 잠에 들었을 때에나 한번 시도해 보시오. 당신들의 묘안을.'—광해군 때 송세림이 펴낸 『어면순』에서 뽑은 이야기를 패러디함.

매미님 고맙습니다*

— 개미 올림

쏟아지는 불볕더위 밑에서
땀 흘려 일하는 데
소나기 한줄기 쏟아지듯
시원한 노래 들려주는 매미님 고맙습니다

뭘 모르는 사람들은 내가 매미님을
이해 못하고 질투하거나
욕이나 해대는 줄로 알지마는
보세요 힘 드는 일판에
노동요 한 자락이 얼마나 힘을 실어 주는 지를
그들은 모를 겁니다

남을 위해 저렇듯이 전신으로 울어대는
매미님들의 아픔을 생각하면
나의 노동은 오히려 가벼운 거지요
내가 아무리 일개미라 하지만
사력을 다해 기를 쓰고 우는 매미들의 노래를 벗하지 않았다면
이 노동 더 힘들었을 거예요
매미님 고맙습니다

* 이솝 우화에서 일하는 개미는 노래하는 베짱이를 이해하지 못한다. 개미는 개미 자신만을 위해 일하고 베짱이는 베짱이 자신만을 위하여 노래한다고 개미는 생각했기 때문이다. 이것이 이기적인 서양 개미의 생각이다. 동양 개미 특히 한국 개미는 그렇지 않다. 과부 설움 홀아비가 알고 홀아비 설움 과부가 안다지 않던가? 한국의 개미들은 매미의 노래를 노동으로 이해한다. 자신들보다 더 힘든 일을 한다고. 이것이 상보적이고 유화적인 한국 개미의 정서, 눈물겨운 한국인이 공유하는 한국인의 미덕이 아닐는지

거위님 고맙습니다*

거위가 보석을 똥으로 배설하며 꽥꽥 말했습니다

내가 보석을 똥으로 배설하지 않았다면 애꿎은 구선생이 도둑으로 몰릴 뻔했어요. 구선생에게 보석이라니, 생사람 잡지 말아요. 티끌 하나 구선생이 남의 것 건드릴 사람 같소. 돈 좋아하고 보석 좋아하는 사람들이나 돈에 환장하고 보석으로 치장하는 거지. 구선생 같은 숙맥은 돈으로 광내거나 돈 없다고 궁상떨거나 비겁하지 않아요. 당신네들처럼 검은 돈 세탁하지도 않고 옷 사건으로 남을 의심하지도 않아요. 물론 죄 없는 거위의 배를 가르지도 않을 거구요. 주인님, 물각유주物各有主라 했거니, 흑진주는 당신의 흑진주, 양심은 구선생의 양심.

구선생은 거위의 똥구멍을 보고 말했습니다. 거위님 고맙습니다

* 윤회가 어렸을 때 일이다. 길을 가다 날이 저물어 여관을 찾지만 나이 어리고 돈 없다고 방으로 들이지를 않았다. 할 수 없이 뜰에 주저앉아 있는데, 주인의 아이가 진주를 갖고 나와 놀다가 진주를 땅에 떨어뜨렸다. 마침 곁에 있던 거위가 진주를 꿀꺽했다. 얼마 뒤 진주를 찾던 주인이 윤회를 의심하여 꽁꽁 묶어서 관아로 끌고 가려고 했다. 윤회는 별다른 변명도 없이 다만 그 거위를 자기 옆에 매어 놓으라고 했는데. 다음날 아침 그 진주가 거위의 똥에서 나왔다. '어젯밤에 왜 본 대로 말하지 않고' 주인이 미안쩍어하면서 말했다. '거위가 먹었다고 하면 성질 급한 주인께선 애매한 거위의 배를 쨌을 것이 아니오. 그래서 차라리 내가 하룻밤 누명을 쓰더라도 참고 견뎠던 것이오.'
—『국조 명신록』 멱주완아覓珠完鵝편에서

어부님 고맙습니다*

어부님 고맙습니다. 말도 안 되는 이 혼탁한 세상 살아가는 데 있어서 참으로 당신은 나의 스승이지요. 당신과 같이 강물이 흐릴 땐 발을 씻고 강물이 맑을 땐 갓끈을 씻으며 8.15 6.25 4.19 5.18 6.29-20세기를 다 통과 21세기 지금까지 세월을 낚으며 살아왔지요. 네모 반듯반듯한 행동, 융통성 없는 올곧은 생각만으로는 왕따 당하기 십상이지요. 굴원이가 왜 굴원이 되었습니까. 세상과의 소통부재 혼자만 잘난 체하는 옹고집 때문 아니겠어요.

험한 세상 살아가는 구선생, 굴원을 반면교사 삼아 청탁불문 무리와 함께 놀고 함께 나누는 당신의 지혜를 어떻게 부정할 수 있겠어요. 그런데 굴원이가 감히 당신을 인정하지 않다니, 그가 물에 빠져죽은 건 안타깝지만, 누군들 당신과 타협 않고 눈곱만큼인들 살 수 있겠어요. 굴원 때보다 더 난세를 살아가는 구선생이 지금까지 살아남을 수 있었던 것은 다 둥글둥글 모나지 않게 살아가는 어부 당신의 처세술을 거울삼았기 때문이죠. 고맙습니다. 어부님,

* 굴평의 『어부사』를 패러디하여 읽으며 진구렁 같은 현실을 더 이상 견디지 못하고 끝내 물고기의 밥이 되었다는 굴평과는 달리 혼탁한 세상에서 살아남기 위하여 눈감을 땐 적당히 눈감으며 그럭저럭 둥글둥글 한 세상 살아보자는 어부의 입장을 취하는 구선생.

황희님 고맙습니다*

고부간의 갈등, 예부터 알아주는 거 아닙니까? 같은 여자끼리의 시새움. 게다가 구선생의 아내와 어머니는 가치관이 달랐어요. 법도와 정신적 가치관이 투철하신 어머니와 편의주의 그리고 물질적 가치를 앞세우는 아내 사이, 사사건건 부딪는 마찰음. 더구나 남편이며 아들인 구선생을 사이에 두고 눈에 보이지 않는 싸움 또는 눈에 보이는 질시와 알력, 이것은 중간 입장인 구선생으로서는 여간한 골칫거리가 아니었습니다. 독자께서는 이런 때 어떻게 하셨는지요? 이쪽저쪽 시비를 가려 편들 수도 없는 처지, 구선생은 무조건 다 틀렸다고 했습니다. 야속타고 호소해 오는 어머니께도, 억울하다고 중얼대는 아내에게도 모두 다 잘못이 있다고 윽박질렀지요. 그리고 어린 딸아이(지금은 시집 가 애엄마가 된)가 엄마편을 들든 할머니편을 들든 뭐라고 끼어들면 또 어린 것이 어른 일에 참견하는 게 아니라고 구선생은 야단을 쳐서 입을 막았지요. 그런데 그 부작용이 엄청났습니다. 고부간의 골은 더 깊어만 지고 집안이 찬 기류로 꽁꽁 얼어붙던 걸요

이대로는 안 되겠다 싶어 고민하던 차에 황희님의 삼시론을 시험해 보기로 했습니다. 구선생은 무조건 모두 옳다고 했습니다. 어머니께는 어머니 말씀이 옳다 하고 아내에게도 당신 말이 옳다 하고 그리고 어린 딸아이에게도 네 말이 옳다고 바보처럼 말했습니다. 그 뒤로 어떻게 되었냐고요? 모순 같지만, 믿기지 않으시겠지만, 분위기가 점점 좋아졌습니다. 식구

들 사이가 화기애애, 집안에 온기가 돌기 시작했습니다. 아주 없다고는 할 수 없지만 골 깊던 시어머니와 며느리 사이가 좁혀지고 물고가 트였습니다. 갈등구조는 화해분위기로 바뀌어 나갔습니다. 삼시론의 효과를 본 거지요. 고맙습니다. 황희선생님,

* 하찮은 일로 싸우던 갑 · 을 두 계집아이가 주인인 황희를 보자 먼저 갑이 달려와 억울함을 호소했습니다. '그래 네 말이 옳다' 황희는 갑을 달래 보냈습니다. 이번엔 을이 말했습니다. 이래저래 갑이 나쁜 년이고 자기가 억울하다고, 황희는 을에게도 역시 '네가 옳다'고 토닥여 주었습니다. 그러자 부인이 옆에서 끼어들었습니다. '당신은 무슨 일을 그리 흐릿하게 처리하시오. 시비를 분명히 가려 줘야지요.' 황희는 부인에게 말했습니다. '당신 말이 옳소(조선조 명종 때, 이개의「송와잡기」에서).

평강공주님 고맙습니다*
— 바보온달 올림

평강공주님, 나는 바보 온달입니다. 울고 싶어도 바보처럼 실실 웃기만 하고 울 줄도 모르는 비천한 이놈을 공주님의 울음이 선택해 주셨습니다. 공주님, 고맙습니다

안 풀리고 답답할 때, 억울할 때 크게 목 놓아 울어 버릴까요. 무슨 수가 생기던가요. 앞길이 탁 트이던가요. 그때 울보 공주님이 그랬던 것처럼, 떼쟁이아이들의 기를 쓰는 울음처럼

누가 알아요. 소원을 들어주는 울음이라면, 내세엔 내가 공주님처럼 울고 보채어서 다시 내가 공주님께 꼭 장가들게 될지

*『삼국사기』 온달전에 따르면 고구려 평강왕의 딸 평강공주는 어려서 잘 울어 그때마다 왕이 바보 온달에게 시집보내겠다고 하여 공주의 울음을 달랬다. 어느덧 공주의 혼기를 당하여 명문가(상부 고씨)에 시집보내려고 하자 어려서부터의 약속을 지켜야 한다며 공주는 궁궐에서 나와 바보 온달을 찾아가 그와 결혼하여 뒷날 바보온달은 장군온달이 되어 나라에 공헌했다고 전한다.

달목걸이 만들어

— 여옥님, 진이님, 미당님 고맙습니다

별 몇 천공에 등불 내걸고
실반지 같은 초승달을 풀풀 불리어
황진이의 반달 얼레빗으로*
칠흑머리 빗어내려
새알새미 한 알 동동 띄워
둥근달 속을 비운 달목걸이
눈썹 고운 우리 님*
여옥如玉의 흰 목에
척 걸어주겠습니다

* 황진이의 반달-곤산의 옥 누가 다듬어 직녀 빗 만들었나. 견우 떠난 뒤 냅다 허공에 던져 버렸네(誰斷崑山玉/ 裁成織女梳/ 牽牛一去後/ 投擲碧空虛).
* 미당의 '내 마음 속 우리 님의 고운 눈썹'(冬天에서).

4부

고맙습니다

구름님 고맙습니다

짚신 들메고 휘적휘적
흰 수염 길게 휘날리며
먼 길 떠나신 우리 할아버지
보시오 장마 끝 저기서 다시 돌아오시네요

머물고 떠남이 거침없고 그리고 흔적 없으시던
돌아가신 우리 할아버지의 혼령이
구름새* 되어
저 파란 하늘 속 수놓듯
구름모자 쓰시고

* 김영호의 시에서.

퍼렁벌레님 고맙습니다

그때가 7월쯤이었던가 8월쯤이었던가 퍼런 참깨꼬투리가 다닥다닥 달려 있을 때였습니다. 허리 구부려 어머니께선 참깻잎벌레를 잡고 계셨고 졸졸 어머니 뒤를 따라다니며 장난치던 내가 흠칫 놀라버린 것은 그때였습니다. 퍼렁벌레였습니다 시퍼런 깻잎 뒷면에 붙어서 좀처럼 깻잎과 구별이 안 되는 엄지손가락 크기만 한 퍼렁벌레, 눈 밝은 어머니께서도 놓치기 십상인 퍼렁벌레의 그 감쪽같은 장신술! 요즘 TV를 보면서 자주 확인하게 되는 동물들의 보호색, 적으로부터의 자신을 은폐하고 살아남기 위한 철저한 호신변신술

퍼렁벌레여 철저하고 처절한 당신의 보호색을 빌려주시오

지금 이 어려운 시대를 살아가면서(점점 무기력해지는 몸과 마음)

그때 보았던 당신의 그 철저한 보호색이 자꾸 생각납니다

고맙습니다. 퍼렁벌레님,

그대가 보여준 장신술을 지금 내가 익히고 있습니다.

적자생존 시퍼런 이 세상에서 살아남기 위해

왕따 안 당하고 세상과 섞이기 위해

나 지금 시퍼런 깻잎 뒤편에 숨어 시퍼렇게 물들어가고 있습니다

모기님 고맙습니다

여러 해 전 금융위기의 영향으로
경기가 밑바닥을 기고
도시에선 별 볼 일 없는 구선생
농어촌엔 할 일이 뭐 없을까 해서
그의 고향 쪽 시골로 내려갔었는데요
할 일 없기는 거기도 마찬가지
농어촌봉사활동 나온 학생들도
모기나 뜯기며 속수무책 무위도식

봉사할 일거리도 없고
비쩍 마른 농어촌 사람들을 대신하여
모기에게나 피를 뜯겨 볼까
피를 빨려 본대야 몇 방울이나 빠질까
그저 미량의 미리그람
부처님 마음으로 구선생
피공양을 나누기로 했네요

어려운 시대에
저도 피에 굶주렸던 농촌모기
그러나 공짜로 빼앗는 게 아니라는 듯
받은 만큼은 갚을 줄도 안다는 듯
빨긋빨긋 온몸에 꽃을 피워 주데요

모기에게 맡긴 하룻밤 사이
알몸뚱이에 꽃무늬를 선물 받은 구선생 왈
'모기님 고맙습니다'

쇠똥구리님 고맙습니다

어린 시절 나는 길바닥이나 풀숲에 지천인 쇠똥을 밟지 않으려고 신경을 쓰며 피해 다녔습니다. 하지만 쇠똥구리는 온몸으로 그 질퍽한 쇠똥더미 속에 들어가 손과 발 주둥이를 다 써서 쇠똥을 뭉쳐 제 키보다 큰 수수팥단지(혹은 탁구공)만한 쇠똥구리를 만들어 굴리고 다녔습니다. 한 마리, 어떤 땐 한 쌍인 듯싶은 두 마리의 쇠똥구리가 하나의 쇠똥구리를 얼싸안고 팔다리를 버르적거리며 자빠지고 넘어지며 때로는 깔리기도 하면서 어디론가 어렵게 쇠똥구리를 굴리며 굴러갔습니다. 그 종착점이 어디인지 확인하지는 못했지만 나는 그러한 쇠똥구리의 모습이 너무도 신기하고 재미있어 한참씩 엎드려서 들여다보곤 했습니다

오남매를 키우는 가장으로서 지금까지 살아오면서 어린 시절을 농촌에서 보냈기에 볼 수 있었던 행운, 그 쇠똥구리를 무심결에 생각해내고는 나와 쇠똥구리의 다른 점이 무엇일까? 쇠똥구리와 내가 자꾸 겹치는 바람에 피식피식 웃기도 하고 힘을 얻기도 합니다. 죽을 둥 살 둥 쇠똥구리를 굴리는 쇠똥구리의 모습이라니. 쇠똥구리에게 있어서 쇠똥구리는 삶의 전부, 집이요 식량 쇠똥구리의 희망이요 미래입니다. 보세요. 지금도 그 작은 쇠똥구리의 세상, 쇠똥구리의 우주 속에서는 쇠똥구리의 아들, 아들의 아들들이 꼬무락꼬무락 숨 쉬며 자라고 있군요. 고맙습니다 쇠똥구리님,

신발님 고맙습니다

신을수록 발이 편합니다
옛말에 그릇은 새 것일수록 좋고 사람은 정들수록 좋다는데
반평생 고락을 같이한 마누라 같이 정말 마음 편합니다
당신은 나의 신발, 그대 없인 한 발짝도 못나가는 나
내가 가는 게 아니고 그대가 갑니다
가다가 가시를 밟아도 가다가 똥을 밟아도
내가 밟는 게 아니라 그대가 대신 밟습니다
굽갈이해가며 평생토록 나를 위해
불평 한 마디 없이 한 몸을 다 닳린 그대
헌 구두님, 당신 없이 어떻게 내가 여기까지 왔겠어요
여기까지 와서 오늘 처음이자 마지막으로 '님'자를 붙여
쓰레기통에 그대를 버리나니
잘 가시오 궂은 일만 도맡아 하신 고마우신 신발님

종이님 고맙습니다

말도 안 되는 시 쓴답시고 참 많이도 종이를 괴롭혔지요
지우개로 얼굴을 박박 문대고 펜으로 찍찍 긋고
그러다가 얼굴을 마구마구 구겨서 휴지통에 던지거나
쫙쫙 찢어 버리기도 하고 참으로 신세 많이 졌어요
덕분에 좋은 시가 되어 두고두고 많은 사람들에게 읽힌다면
그나마 좀 덜 미안하련만 이젠 시집 엮어내기가 두려워요
팔리지 않고 서가에서 먼지 뒤집어쓰다가 파쇄기로 들어가 싹둑싹둑 썰리든가
소각장으로 실려가 공해로 생을 마감하는 건 아닌지

-아무튼 종이님 고맙습니다
종이를 마구한 죗값으로 내가 죽어 꼭 종이 되어 신세 갚고 싶은데
종이로 태어나기도 쉽지 않군요
우선 나무로 태어나 바람으로 그늘로 봉사하다가
목재로 가구로 땔감으로 살신성인
천재일우로 종이 되는 과정을 거쳐 종이 된다면(종처럼 순종만 않고)
세상을 땅땅 때리는 종처럼 힘 있는 시를 써서
함부로 종이 못 버리게 경종 울려야지

무덤님 고맙습니다

햇병아리교사시절 내가 근무하던 학교는 뒤쪽에 교림이 있고 그 기슭 양지 바른 곳에 무덤 하나 아담하게 자리 잡고 있었습니다. 나는 학생들이 말을 안 들어 속이 상할 때면 종종 이곳 무덤을 찾아 마음을 가라앉히며 분을 삭혀내곤 했습니다. 웬일인지 무덤 앞 잔디에 벌렁 누워 하늘을 쳐다보면 웬만한 화가 풀리고 마음이 편해졌습니다

이제 나도 나이 들어 중견교사가 되고 학교도 이곳 서울로 옮겼지만 아직도 나는 학교에서 집안에서 또는 사회에서 이러저러한 일로 속이 상하고 어려움이 생길 때, 나는 문득 편안했던 그 무덤을 떠올리고 한 시간 남짓 달려가서 무덤 앞에 깔린 파란 잔디(혹은 흰 눈) 위에 잠시 내 몸을 누이는데, 내가 지금까지 속상해하던 일이 별것 아니라는 생각이 들고 참 희한하게도 마음이 이렇게 편안해 질 수가 있다니 참으로 고맙습니다. 무덤님,

짜장면님 고맙습니다

짜장면님 고맙습니다
우리는 짜장면 회원입니다
우리는 짜장면 먹으러
주일마다 여기 이렇게 모여서
열심히 짜장면을 먹습니다
주기도문을 욀 때처럼
우리는 일제히 이렇게 고개 숙이고
짜장면을 먹습니다
점심 한 끼 마음에 점찍기로는
짜장면 한 그릇이면 그만입니다
양파와 단무지 두어 쪽 곁들인
짜장면님 고맙습니다
우리에게 이렇게 일주일에 한 번씩
모일 이유를 만들어 주고
우리에게 이렇게 쉽게 먹혀줘서
우리는 너무 고마워
깊고 길게 깊숙한 눈물 흘리고
그 눈물 젓가락으로 걷어 올려
짧고 짧게 끊어 먹습니다
꼭꼭 씹어 먹습니다

-하느님은 어디 있을까. 푸줏간에 걸린 커다란 살점이 김춘

수 시인이 발견한 김춘수 시인의 '사랑하는 나의 하나님'이라면, 나의 하느님은 내가 점심으로 때우는 짜장면 한 그릇일 수도 있지 않을까. 허기진 우리들의 배를 채우는 짜장면님, 짜장면님 고맙습니다. 하늘에는 하느님의 영광, 땅에는 짜장면님의 영광 있으시라!

한국의 마누라님들 고맙습니다

쫀쫀히 살림 잘 한다는 중년의 아내들은
내가 보기에 어느 정도까지는 모두 악처입니다
이점, 소옹의 아내뿐 아니라
구선생의 아내 역시 예외가 아니지요

아내의 그 구구한 참견
일일이 꼬투리 잡아내는 찬찬함
달려드는 가시 돋친 눈길
하나도 틀린 말이 아닌 잔소리를 먹고
구선생, 오늘도 파멸하지 않고 당당히
서고. 이만큼 똑똑해지고 있음
인간이 되어가고 있음

마누라님, 고맙습니다
이 말은 빈 말이거나 아침 떨자는 비굴함도 아니고
비웃거나 비꼬자 함은 더더욱 아님
눈물겨운 사실을 한 올의 거짓도 없이
사실대로 밝혔을 뿐

보시오 오늘도 구선생
맞불작전으로 고래고래 소리 지르고픈
비인격적 충동을 억누르고

입 앙, 다물고 숨죽이며
발꿈치 들고 벌벌 기는 꼴이나니
절제와 근신의 확인
이 모두가 살림을 잘 산다는 아줌마 효과 아니겠어요

우철동님 고맙습니다

이런 저런 일로 이래저래 내가 시가 안 될 때
불현 듯 나는 어디론가 도망갑니다
가서 보면 원주 사는 우철동씨 집
엉뚱하게도 거기 내가 숨어 있어요
이마에 접힌 주름 속에 영락없는 내가 있어요
평생을 나의 친구가 되어 준 우철동씨
시 쓰기는 자신과의 싸움이라고 하잖아요
그런데 내가 보여야 내가 나와 싸우지요
이런 때, 내가 나를 잃어버렸을 때
나는 우철동씨를 보면서 나를 찾습니다

뒤늦게 집에서 구박 받고 있는 우철동씨
품 안에 손녀를 안고 어르고 있는 우철동씨
까닭 없는 시대를 혼자서 고민하는 우철동씨
부딪고 멍들면서 살아가는 이유와 싸우고 있는 우철동씨
가끔 눈물 같은 너털웃음을 쏟아내는 우철동씨
때론 화필을 잡고 마음을 달래고 있는 우철동씨
내 앞에 더덩실 춤을 추어 안기는 우철동씨
말끝마다 양심의 끝자락이 조금씩 묻어 나오는 우철동씨
우리가 처음 만나던 때의 순수를
아직도 잃지 않고 있는 우철동씨

>

나의 살 나의 피 나의 얼굴
내 시의 얼굴 우철동씨 고맙습니다

해설

당당하고 진실한 참된 시

권　온 문학평론가

당당하고 진실한 참된 시

권　온 문학평론가

1.

정대구 시인의 시편은 소박하고 친근하다. 당신과 나는 유별난 긴장감 없이 편안한 상황에서 그의 시를 읽을 수 있다. 비근한 일상의 세목에서 삶을 위한 통찰을 발견하는 자를 시인이라 일컬을 때, 정대구는 시인이 될 자격이 충분하다. 어려운 상황 속에서도 언제나 재미와 흥미, 유머와 위트를 잃지 않는 그의 시는 독자에게 큰 위안을 전달한다. 또한 극심한 자본주의 시대를 살아가는 우리에게 정대구 시의 당당하고도 진실한 사회풍자는 상당한 격려가 될 수 있다. 시집『곰할머님 고맙습니다』의 구체적인 작품 속을 탐색해 보기로 하자.

2.

어릴 적 내 살 속의 피를 빨아먹던 그 많던 빈대들 다 어디 갔나 했더니, 지리산 기슭 고로쇠나무를 세워놓은 채 거기 붙어 서서 톱날 같은 이빨을 꽂아 넣고 고로쇠나무의 피를 긁어모으고 있었네. TV화면만 아니라면 당장 멱살을 잡고 메다꽂고 싶었는데, 그런데, 놀라운 것은 고로쇠나무의 참을성이라네. 몸이 약한 자, 목마른 자에게 자신의 몸을 내맡긴 채 살보시 피보시의 미덕이라니. 난 그러지 못했는데, 내 피를 빨아먹은 놈은 눈에 불을 켜고 보는 족족 잡아서 배를 터뜨려 짓뭉개버렸는데…

—「빈대와 고로쇠나무」 전문

범인凡人은 그냥 지나치는 일상의 세부에서 어떤 각성의 계기를 마련하는 사람을 가리켜 우리는 시인이라 부른다. 이 시의 화자 '나'는 원래 '빈대'를 향한 큰 원한을 품고 살아왔다. 유년 시절 빈대들이 자신의 피를 빨아먹었기 때문이다. 성인이 된 '나'는 어느 날 TV를 보다가 '고로쇠나무'의 피와 살을 흡입하는 빈대를 발견하고 강한 분노를 느낀다. 그런데 이때 '나'는 자신과는 다른 반응을 보이는 '고로쇠나무'의 모습에서 놀라움을 체험한다. 그는 빈대를 '몸이 약한 자'로 인정하고 '목마른 자'로 흡수하는 고로쇠나무의 참을성에 감탄한다. 스스로의 살과 피를 허용하는 고로쇠나무의 "살보시 피보시의 미덕"은 '나'의 고정된 인식에 충격을 전달했던 것이다. '눈에는 눈 이에는 이'를 신조로 삼았던 '나'에게 고로쇠나무의 조건 없는 사랑은 커다란 울림으로 다가왔다. 그런 까닭에 "난 그러지 못했는데"라는 그의 토로는 우리에게 더없이 소중하다.

꿈꾸지 않기 천년을 꿈꾼들 하긴 지렁이 몸에 날개는 어울리지 않겠지요. 적어도 이무기쯤 돼야 용이 되는 꿈도 꾸고 굼벵이라야 매미가 되지요 무슨 천형天刑으로 평생을 햇볕 피하기 기어서 땅 속으로 파고들기 숨어버리기만의 하나 광명 찾아 기어 나왔다가는 곧 시뻘건 불벼락 맞고 말라비틀어지기 십상이지요. 죽는 그날까지 지렁이 도사가 진즉에 가르쳐주었지요 지금도 어쩔 수 없는 한 많은 천추의 함원含怨 감추며 한밤중 땅 속에서 심금을 울어대는 찡한 핏빛 곱고 투명한 맑은 노래 다 이 때문이지요

하지만 주제파악도 못하고 남에게 밟힐 때마다 나는 환골탈태의 꿈을 꾸었지요. 못생긴 징그러운 벌레들도 무슨 무슨 나비 되어 아름다운 나비 되어 하늘 수놓듯 춤추듯 꽃밭을 날아다니지 않던가요. 그만도 못한 뒷간의 더러운 구더기들도 단 며칠 만에 날개를 달고 포롱포롱 사람 약 올리지 않던가요. 하오나 모기나 파리도 아무나 되는 게 아니더군요. 지렁이 도사가 진즉에 온몸으로 보여준 교훈을 지금서 딴 마음 먹으면 지렁이만도 못한 놈 그런 인간 되지 않겠어요. 그저 나는 꿈틀거릴 뿐입니다 꿈도 저항도 없이 다만 꿈틀거릴 뿐

—「지렁이의 비가悲歌」 전문

정대구 시인은 앞에서 '고로쇠나무'에게서 '참을성' 또는 '살보시 피보시의 미덕'을 배운 바 있음을 독자에게 알려주었다. 시인에게는 하찮은 사물에서도 성찰의 순간을 포착하는 능력이 필요하다. 그런 점에서 인용한 시 「지렁이의 비가悲歌」 역시 미물에 불과한 '지렁이'에게서 스스로의 나아갈 길을 발견한 시인의 노력이 빛나는 작품이다. 그는 "지렁이 도사"에게서 누구나 "매미"나 "나비"가 될 수 있는 것이 아니고, 아무나 "모기"나 "파리"가 되는 것이 아님을 깨닫는다. 물론 그도 한때 "용이 되는 꿈"을, "환골탈태의 꿈"을 꾼 적이 있다. 그러나 팔순八

旬을 눈앞에 둔 지금, 시인은 화자 '나'의 목소리를 빌려서 다만 이렇게 말할 뿐이다. "그저 나는 꿈틀거릴 뿐입니다 꿈도 저항도 없이 다만 꿈틀거릴 뿐" "지렁이만도 못한 놈 그런 인간"이 되고 싶지 않아서 시인은 "꿈꾸지 않기"를 선언한다. 그리하여 시인 정대구는 이 시에서 꿈을 상실하고, 아무런 저항도 못한 채, 다만 꿈틀거리는 삶을 살아가는 우리들의 애잔한 자화상을 절절하게 보여준다.

> 바캉스인지
> 바카스인지
> 난, 자주 헷갈려
>
> 세계화 시대에
> 걸맞지 않게
> 난, 구닥다리
>
> 사실 난, 동화제약 박카스 마시고도
> 취하는 체질이거든
>
> 그런데 바캉슨 또 뭐야
> 어지러워
> 조선시대 선비처럼
>
> 어리둥절 기승부리는 찜통더위에
> 기를 쓰고
> 세계화에 뒤질세라

어디로든 나도
무리를 따라
떠나긴 떠나야할 텐데

에라, 모르겠다
물 한 동이 길어다가 두 발 담그고
바카스가 기절할
바캉스를 지금 나, 즐기신다네

—「나의 바캉스」 전문

시인이 구사하는 외양이 유사한 어휘들의 군무群舞로 독자들은 다소 어리둥절할지도 모른다. "바캉스"와 "바카스"와 "박카스"와 "바커스"의 출현은 정대구 시인의 예민한 시적 촉수를 보여준다. 시의 화자 '나'가 바캉스와 바카스 사이에서 방황하는 모습은 그가 "세계화 시대"에 어울리지 않는 "구닥다리"임을 드러낸다. 모두들 정신없이 달려가는 현대사회에서 "조선시대 선비처럼" 살아가는 '나'는 어쩌면 낙오자로 이해될 가능성이 다분하다. 시의 화자가 "어디로든 나도/ 무리를 따라/ 떠나긴 떠나야할 텐데"라는 심경을 피력하는 까닭도 타인에게 뒤처지면 안 된다는 조바심 때문일 것이다. 이 시에서 시인의 시인다움을 보여주는 대표적인 대목은 무엇보다도 7연이 될 텐데 이 부분은 우리에게 강한 호소력을 발휘할 수 있는 이유이기도 하다. '나'가 말하는 "바커스가 기절할/ 바캉스"는 무엇인가. 주지하다시피 여기에서 '바커스' 곧 '바쿠스'란 술의 신을 가리킨다. "동화제약 박카스"에도 취하는 체질인 '나'가술을 즐길 리는 만무하다. '나'가 선택한 바캉스 곧 피서의 방법은 양동이 속 차가운 물에 두 발을 담그는 일이다. 21세기의 진정한 풍류란 바로 이런 것이 아닐까.

어디 숨어 있는지
바람이 숨을 죽이고
머리카락도 보이지 않는다
언제 일어날지 나도 모른다
숨어서 숨죽이고 있는 바람
보이지도 들리지도 않는 바람
어떤 모양인지
어떤 기세일지
나의 주치의 안 박사도 그건 모른다
그저 솜털 정도 일으키는 미풍일지
팔랑팔랑 가볍게
옷깃 날리는 나들이 바람일지
아니면 얼얼하게 정신을 치고 내닫는
몽둥이 바람일지
통째로 내 몸을 날려 버릴
A급 태풍이 될지
어쨌든 두려움 속에서도
궁금한 내 몸 속의 바람
오늘밤에 일어날지도
모를, 내 몸 속의 바람 주의보!

—『내 몸 속의 바람』 전문

이 시가 다루는 내용은 진지하고 심각한 성격을 갖는다. 시인은 시집의 후기에서 독자에게 "지난 세기말 자동차 추돌사고와 연이은 심장수술로 나는 죽었다 살아난 적이 있었습니다"라는 발언을 전한다. 이 작품은 다행스럽게 죽음의 문턱을 넘지 않고 여전히 삶의 끈을 붙잡을 수 있는 행운을 거머쥔 자의 조심스러운 고백일 수 있다. "내 몸 속의 바람"은 시의 화자 '나'를, 시인을 소멸로 인도할 수 있는 무시무시한 힘일 것이다. 시인 정대구의 힘은 진지하고 심각한, 절망에 가까운 상황에서도 유머와 위트를 잃지 않는다는 사실과 무관하지 않다. "머리카락도 보이지 않는다"나 "나의 주치의 안 박사도 그건 모른다"는 발언, 무엇보다도 "어쨌든 두려움 속에서도/ 궁금한 내 몸 속의 바람"이라는 표현 등이 이를 입증한다. 재미와 흥미가 내재되어 있는 시, 그런 까닭에 정대구의 시는 우리를 설레게 한다.

나의 시는 우선 돈이 되고 싶은 것이다
그리하여 시가 옷이 되나 밥이 되나 그깟 놈의 시
시지 구독료에 시집 사보랴 동인지 내랴 낭송회 하랴 시집 내랴
돈이나 잡아먹는 시라며 시를 구박하는 우리 마누라님의 입을
소원 없이 그 돈으로 콱 틀어막아 주는 그런 즐거움,
함박꽃잎처럼 입이 활짝 벌어지게 해주고 싶은 것이다
어느 해이던가 장보러 갔던 아내가 단돈 천원에 샀다며
생전에 큰돈 한번 만져본다며 거의 A4용지 반 만한 만원짜리 한 장을
신나게 흔들고 들어오면서 보여줬던 그 활짝 핀 함박웃음

처럼,

시도 돈이 된다는 걸, 큰돈이 된다는 걸, 그리하여
이에 시가 벌어온 돈이요 하고 보란 듯이
마누라님의 이마에 큰돈 한번 척 붙여주고
시도 한번 떳떳해 지고 싶은 것이다
그러자면 우선 시를 엄청 잘 써야 되겠지
하긴 시인 누구는 시를 잘 써서 문예진흥기금을 몇 번씩이나 받고
또 누구는 여기저기 거금이 걸린 문학상도 몇 개씩 몰아서 받고
누구누구는 시집을 팔아 빌딩을 샀다던가
이 정도면 돈과 시의 궁합도 짝짜꿍 칠만한데
(그런데 이런 정보는 제발 아내의 귀에 안 들어가기를 바란다)
그 정도 시를 잘 쓰려면 엄청 시를 잘 써야 하겠지
팔짝 뛰고 뒤로 자빠질 정도로
나의 시는 돈이 되고 싶은 것이다
설령 마누라님이 깜짝 놀라 까무러친다 해도
아내에게 큰돈이 되고 싶은 것이다
그게 안 된다면 나가서 죽든가
자본주의에 딴죽을 걸어 뒤로 자빠뜨릴 그런 힘 있는 시
돈을 잡아먹는 신나는 시를 쓰고 싶은 것이다
나의 시는,
어차피 돈과 시는 엇박자 궁합
돈 앞에 탕 탕 큰소리치고 싶은 것이다
나의 시는, 나는

—「자본주의 시대에 시의 소원」 전문

잘 알다시피 우리는 자본주의시대를 살아가고 있다. 자본주의시대의 핵심은 다른 무엇도 아닌 돈이다. 정대구 시인의 이 시는 "자본주의시대"와 "돈"과 "시"의 문제를 정면으로 돌파하는 역작이다. 우리가 이 작품에서 무엇보다도 높게 평가하고 싶은 대목은 시인의 직설과 무관하지 않을 것이다. "나의 시는 (우선) 돈이 되고 싶은 것이다."라는 그의 발언은 얼마나 당당하고도 멋진가. 21세기 자본주의시대에는 "옷"이 되고 "밥"이 되고 "돈"이 되는 시가 필요하다는 시의 화자 '나'의 발언은 통쾌하기까지 하다. '나'도 누구처럼 "문예진흥기금"이나 "문학상"을 받고 싶고 "시집을 팔아 빌딩을" 사고 싶다. '나'의 시도 "마누라님" 또는 "아내"에게 "한번 떳떳해 지고 싶은 것이다." 그에게는 간절한 소망이 하나 있다. "자본주의에 딴죽을 걸어 뒤로 자빠뜨릴 그런 힘 있는 시/ 돈을 잡아먹는 신나는 시를 쓰고 싶은 것이다." 특히 이 작품의 마지막 행인 "나의 시는, 나는"에 제시되는 시인의 진솔한 사회풍자는 아프지만 아름답다. 돈이 지배하는 이 사회에서 떳떳하고 큰소리 칠 수 있는 '나의 시'는 다름 아닌 '나'의 진정한 이름일 것이기 때문이다.

곰할머님 고맙습니다. 이 미련 곰탱이가 아직도 믿는 것은 오직 곰할머님뿐입니다. 지금은 아직 가재도 게도 아니지만 언제고 나름대로 제 이름을 얻겠지요. 요즘 녀석들 참 빨리도 호랑이처럼 나내는데, 난 달라요. 쑥내를 맡으며 백 일간 마늘을 씹겠어요. 궁핍한 동굴 속에서 미련곰탱이 곰할머니가 마침내 인간이 되듯, 환골탈태 나도 무엇인가 달라지겠지요. 어떤 모

욕도 참고 견디겠지요. 이 치욕의 시대에 나의 거울이 되어 주신 곰할머니 고맙습니다

— 「곰할머니 고맙습니다」 전문

정대구의 이번 시집 3부와 4부는 연작시로 구성되어 있는데 이 시도 그 중 하나이다. 시인은 친절하게도 인용 부분 하단에 참조문헌을 포함한 주석을 달고 있는데, 이는 일종의 형식 실험에 상응한다. 이 작품은 「삼국유사」에 수록된 '고조선' 이야기를 다루고 있다. 시인은 성급한 "호랑이"와 대비되는 "곰할머님"의 참을성과 인내를 강조한다. 스스로를 "미련 곰탱이"로 규정하는 시의 화자 '나'에게 "곰할머님"의 견인주의는 하나의 표상이자 "이 치욕의 시대"라는 거대한 물결을 헤쳐 나갈 수 있는 유일한 구명보트이다.

3.

정대구 시인의 시집 『곰할머님 고맙습니다』의 3부와 4부는 '고맙습니다'라는 제목을 단 24편의 연작시가 수록되어 있다. 아마도 시인은 죽음의 고비를 딛고 삶의 터전으로 복귀한 감사의 마음을 담아 일련의 연작시를 창작한 것으로 보인다. 시집의 후기에 따르면 그는 아내, 아이들, 이웃, 사회, 사물, 자신의 몸과 호흡, 하느님, 독자 등에 대한 하나의 인사이자 도리로써 이러한 연작시를 기술한 것이다. '구선생' 또는 시인 정대구는 치욕을 강요하는 자본주의 시대를 견디는 하나의 무기로써 시를 선택했고, 이는 시 「어부님 고맙습니다」에 제시되어 있듯이 "둥글둥글 모나지 않게 살아가는", "처세술"로 구현되었다. 앞

으로 소박하면서도 친근한, 재미와 흥미를 갖추면서도 사회를 향한 당당한 비판도 서슴지 않는 멋진 시인의 행보가 더욱 넓고 깊게 나아가기를 소망한다.

정대구

정대구 시인은 1936년 경기도 화성에서 태어났고, 1972년 《대한일보》 신춘문예로 등단했다. 시집으로는 『나의 친구 우철동씨』, 『겨울기도』, 『무지리 사람들』, 『양산일기』 등 10여 권이 있고, 수필집으로는 『녹색평화』, 『구선생의 평화주의』가 있으며, 연구서로는 『김수영 연구』, 『김삿갓 연구』 등이 있다.
정대구 시집 『곰할머님 고맙습니다』는 자본주의 시대의 치욕을 견디는 시집이며, 언제, 어느 때나 의연하고 당당한 '곰할머님'의 삶에 대한 찬가라고 할 수가 있다.

이메일 : ctgu72@hanmail.net

정대구 시집

곰할머님 고맙습니다

발 행 2014년 11월 25일

지은이 정대구
펴낸이 반송림
편집디자인 김지호
펴낸곳 도서출판 지혜
계간시전문지 애지
기획위원 반경환 이형권 황정산
주 소 300-812 대전광역시 동구 선화로 203-1 2층 도서출판 지혜 (삼성동)
전 화 042-625-1140
팩 스 042-627-1140

전자우편 ejisarang@hanmail.net
애지카페 cafe.daum.net/ejiliterature

ISBN : 979-11-5728-015-5 03810
값 9,000원